Gaussen, Louis

Soyons laiques ! brochure de propagande républicaine

Jeunesse Laïque de France

TRENTE CENTIMES

Soyons Laïques !

BROCHURE DE PROPAGANDE RÉPUBLICAINE

PAR

Louis GAUSSEN

AVEC

Une Lettre-Préface d'Élisée RECLUS

FOIX

IMPRIMERIE-LIBRAIRIE GADRAT AÎNÉ

Rue de La Bistour

1903

Jeunesse Laïque de France

Soyons Laïques !

BROCHURE DE PROPAGANDE RÉPUBLICAINE

PAR

Louis GAUSSEN

AVEC

Une Lettre-Préface d'Élisée RECLUS

FOIX
IMPRIMERIE-LIBRAIRIE GADRAT AÎNÉ
Rue de La Bistour
1903

LETTRE-PRÉFACE

AMI LECTEUR,

Ce sont ici des *Jeunes* que vous allez entrevoir. Ce sont des *Jeunes* qui s'offrent à vous conduire.

La vie leur sourit comme un matin de Mai. Le soleil luit sur leur chemin. L'horizon bleu de l'avenir apparaît radieux...

Quelle que soit votre humeur ou quel que soit votre âge, pour les comprendre, soyez jeunes avec eux.

Le cœur, toujours, peut rajeunir...

Laissez-les vous entraîner dans leur joyeux essaim. Associez-vous, durant un jour, à leur enthousiasme, à leurs travaux. Pénétrez avec eux dans leur maison, ce temple de la Liberté qui vous est grand ouvert... Vous verrez qu'avec eux l'on agit, l'on vit et l'on aime !

Lecteur, avez-vous un frère, un fils, un neveu, un cousin de cet âge ? Envoyez-le à la *Jeunesse laïque*. Il y trouvera des guides sûrs et des amis fidèles. Et, tous ensemble, comme on le chante dans la *Marseillaise* :

« Ils entreront dans la carrière
« Quand leurs aînés n'y seront plus ».

Elisée RECLUS.

Bruxelles, le 5 mai 1903.

SOYEZ JEUNES !

« Elle a l'éclair au front, la jeunesse que j'aime ! »

Soyez jeunes, vraiment jeunes, mais de cette jeunesse du cœur qui palpite encore sous le front vieilli et sous les cheveux blancs, de cette jeunesse qui ne passe jamais. Aux flancs des ténébreux abîmes, des gorges profondes de vos Pyrénées, vous avez vu le pin, qui reverdit chaque année, qui garde jusqu'en l'âpre hiver ses aiguilles aux fortes senteurs. Des années ont passé depuis l'heure où la pauvre semence s'est enfoncée dans la fente du rocher ; elle a germé, grandi, creusé son lit plus profond ; elle est allée demander sa sève aux dernières couches de terre. Aujourd'hui, c'est l'arbre puissant, c'est la vigueur même ; battu des vents contraires, tordu par l'ouragan, l'enfant des Pyrénées n'a pas vieilli. Comme lui, soyez jeunes, c'est-à-dire soyez forts, pleins d'énergie et d'enthousiasme pour la vocation que vous avez choisie, poursuivant avec ténacité le but qui vous est proposé, avant que le soir vienne, la nuit dans laquelle personne ne peut plus travailler. Soyez joyeux pour être jeunes : que jamais votre foi républicaine ne porte l'empreinte du découragement :

« Elle a l'éclair au front, la jeunesse que j'aime ! »

... Pour être jeunes encore, soyez ardents pour la conquête des âmes ! Votre âge est celui des saintes croisades, des victoires pures et désintéressées, des efforts généreux. Aujourd'hui, l'on prétend que les jeunes aspirent à donner le ton. Que nous importe, pourvu que vous le donniez juste et que vous appeliez nos contemporains vers les sommets de l'idéal. Et soyez, avant tout, confiants, confiants en la République autant que défiants de vous-mêmes !

Tout cela fait partie de la jeunesse, de votre noble patrimoine.

Et surtout, souvenez-vous, chers amis, qui feuilletez ces pages, souvenez-vous du titre glorieux qui est le vôtre. Depuis peu ou beaucoup d'années ? Je ne sais. Il est grand, ce nom si simple :

« *Membre de la jeunesse laïque de France !* »

VICENTE BLASCO IBANEZ,
Député aux Cortés espagnoles.

SIMPLE LETTRE D'UN AMI

Courage, mes chers amis, soyez laïques, soyez modernes : Certes, il n'est pas donné à tous de prendre les devants et de frayer les voies nouvelles. Mais il n'est personne qui ne puisse servir la bonne cause par un apostolat de vérité et d'amour.

Vous vous en acquitterez, mes amis, si peu que vous entamiez par la vulgarisation de votre savoir les ténèbres où tâtonne la foule ignorante, vouée à l'erreur, à la servitude et à la misère.

Mais vous réussirez mieux encore, si votre énergie, victorieuse de l'instinct d'égoïsme et de haine qui sommeille au cœur des hommes, se guide sur la justice et s'inspire d'humanité.

.... Persévérez, mes amis ! Ayez la volonté ardente et tenace ; caressez les longs espoirs ; haussez-vous aux grandes ambitions ! Lutter est un mâle plaisir et créer la joie suprême. Toujours de l'avant ! Plutôt l'erreur, plutôt l'échec que la sécurité dans l'inertie !

Ne pliez jamais devant les hommes ! Inclinez-vous devant toute supériorité évidente ; répondez, et au-delà, à tout appel à votre raison ou à votre cœur ; mais, à toute tentative du principe d'autorité opposez l'invincible résistance d'une âme fière, d'une conscience droite et d'une libre mentalité ! Souvenez-vous que

nul, quel qu'il soit, n'a le droit de vous imposer **un**
acte de foi ou d'obéissance aveugles. Ni le vrai, ni le
juste ne craignent la lumière : raisons cachées, mau-
vaises raisons !

Courage, mes chers amis, soyez laïques, soyez modernes ! Fils du xixᵉ siècle, qui serez les hommes du
xxᵉ, soyez forts, soyez mâles et fiers, et la part sera
belle, pour vous parmi vos concitoyens, pour votre
patrie parmi les nations !

A vous de maintenir haut et ferme le flambeau de
la Liberté que nos pères nous ont transmis et que
vous recueillerez, à votre tour de nos mains défail-
lantes ! Debout ! pour l'action laïque, pour la course
fiévreuse au progrès ! Ni trêve, ni faiblesse ! Vaincus,
mourants même, criez encore : « *Toujours plus de vérité !*
Toujours plus de justice ! Toujours plus de fraternité ! »

Fr. BENOIT,
Agrégé d'histoire et de géographie,
Professeur à la Faculté des lettres de Lille.

NOTRE IDÉE DE LA PATRIE

Il se peut que la Patrie se fonde un jour dans l'humanité, comme les anciennes provinces (Bretagne, Gascogne, Provence, etc.), se sont fondues dans l'unité française. Mais on ne démolit pas sa maison sous prétexte qu'on pourra plus tard en posséder une plus vaste et plus magnifique. Il se peut que les Etats actuellement existants apprennent à s'unir par un lien souple et solide sans perdre cependant leur personnalité, comme les cantons de la confédération suisse, et je conçois fort bien un peuple renonçant à son existence isolée pour former, avec un ou plusieurs autres, un peuple, plus grand, plus prospère, plus résistant. Mais alors même la Patrie subsiste ; elle a sa raison d'être et l'aura toujours.

La Patrie n'est pas un mot vide, une entité abstraite. Elle contient le pays où nous sommes nés, où nous avons grandi, où nous nous sommes éveillés à la vie, et quelques bonnes raisons que nous puissions avoir de nous proclamer *citoyens du monde*, nous n'en tenons pas moins par les fibres les plus sensibles de notre cœur aux lieux témoins de notre enfance, aux choses qui ont commencé par être pour nous tout l'univers. Et la Patrie n'est pas seulement le pays natal agrandi : elle représente encore un fonds commun d'intérêts, de traditions, d'espérances, une parenté plus étroite entre les âmes et même entre les corps.

Détruire l'amour de la Patrie serait une entreprise aussi déraisonnable qu'impraticable. Ce qu'il faut faire, c'est l'épurer et l'élargir, en conservant, mais en étendant de plus en plus aux autres groupes d'hommes les sentiments de bienveillance et de solidarité naturelle qui nous attachent à nos compatriotes.

Nous, républicains, laïques, nous aspirons, non pas à supprimer le patriotisme, mais seulement à le transformer. Nous voulons en extirper la sotte haine de l'étranger et la remplacer par l'émulation entre peuples, par la lutte féconde à qui fera rayonner sur la terre plus de lumière et plus de justice.

Georges RENARD,

Publiciste,

Ancien professeur à l'Université de Lausanne.

JACQUES RICHARD

Jacques Richard, né à Terminiers, près de Château-
dun, commença ses études au Lycée d'Orléans, puis
vint à Paris et suivit les cours du Lycée Charlemagne.
C'est ainsi qu'il prit part à ce concours général de 1860
auquel il doit sa renommée poétique. Il s'agissait
d'écrire dans la langue de Virgile, un éloge du prince
Jérôme, récemment décédé. Et tandis que, pour pro-
tester contre cette courtisanerie, la plupart des concur-
rents refusaient de composer, Jacques Richard remit à
ses juges non des hexamètres louangeurs mais des
alexandrins satiriques. Pendant de longues années,
cette poésie jouit dans les Ecoles d'une véritable popula-
rité et durant tout l'Empire, les lycéens furent heureux
de répéter ces strophes vengeresses :

« Vous ne comprenez pas qu'il eût été plus sage
De laisser reposer cet homme en son tombeau ?
Vous voulez que, prenant cette vie au passage,
La muse de l'Histoire y porte son flambeau.

Vous ne comprenez pas que nos veilles muettes
Ont de chacun de nous fait un Républicain ?...
Que nous supportons mal nos fers, que nos poètes,
Ce sont les Juvénal, les Hugo, les Lucain ?...

Que nous attendons tous, le cœur plein d'espérance,
L'heure si désirée et si lente à venir,
L'heure du grand réveil, l'heure sainte où la France
Elle aussi, du passé, saura se souvenir !

Vous ne comprenez pas que pour des jours prospères,
Nous réservons nos chants avec un soin jaloux ;
Qu'il en est parmi nous peut-être dont les pères
Furent crucifiés par vos maîtres, à vous !

Non ! vous vous êtes dit au fond de votre chambre :
« Ils chanteront ! » Vieillards, vous vous trompez ! Allez
Faire au peuple enchaîné chanter le Deux-Décembre,
Mais que ce ne soit pas par des fils d'Exilés ! »

S'il avait vécu plus longtemps, peut-être Jacques Richard eût-il pris un des premiers rangs parmi les poètes contemporains, mais il est mort, en pleine fleur, à vingt ans.

Honneur à sa mémoire !

SOYONS LAÏQUES !

De graves événements tout récents ont montré avec une éloquence dramatique que les principes de la Révolution ne protégeaient plus efficacement les citoyens français. Les vieilles haines de religion ont été ressucitées. Les plus coupables et les plus odieuses excitations ont été répandues dans le peuple. Sous le prétexte de fortifier l'idée de Patrie et de glorifier la France, une croisade dirigée contre tous les Républicains, tous les Penseurs libres a prouvé que les vieilles et obscures superstitions du Moyen-Age, perfidement entretenues par des sectaires dénués de scrupule, constituaient une menace perpétuelle pour nos libertés.

Sans doute le sentiment du danger a réveillé beaucoup de consciences. Sans doute, les esprits avertis et clairvoyants ont compris que la campagne menée contre une catégorie de citoyens était le prélude d'une autre campagne plus générale et plus dangereuse encore, contre tous les citoyens indépendants, contre tous les républicains, contre tous ceux que le cléricalisme ne reconnaîtrait point pour les siens.

Et, de toutes parts, des hommes de bonne volonté se sont tendu la main pour résister à l'œuvre essentiellement réactionnaire de l'antisémitisme. Rappelant les prescriptions de la Déclaration de l'homme qui est la charte trop souvent oubliée de la Démocratie moderne, ils ont fini par faire prévaloir les idées justes et libérales qui sont l'impérissable honneur de la Révolution.

Mais loin d'être accomplis, les temps des luttes ne font que commencer. Le Cléricalisme, un moment abattu, relève de nouveau la tête avec plus d'insolence que jamais. Aux vainqueurs de la veille d'empêcher le retour des tristes évènements d'hier. A eux d'inonder les villes, les bourgs et les villages de leurs innombrables Comités de défense et d'action républicaine, à eux d'aller révéler dans les campagnes les plus reculées la lumière qu'une presse menteuse s'obstine à dissimuler tous les jours.

C'est dans cet esprit de propagande active et féconde que quelques jeunes gens de l'Ariège ont eu la pensée de fonder naguère une association qui se donnerait pour mission de répandre de nouveau dans leurs montagnes les idées de Justice, de Vérité et de Liberté dont il sembla, un moment, que l'opinion publique se fût détachée, et de reprendre les enseignements de la Déclaration des Droits de l'Homme et du Citoyen, d'où est sortie la grande Révolution.

Notre devoir à nous tous, jeunes laïques, c'est de défendre contre des menaces sourdes de contre-révolution les principes mêmes de Liberté et de Justice qui sont l'essence de la République, principes fondamentaux sur lesquels repose, depuis cent ans, l'unité de la Patrie.

A la pensée de voir renaître, sous le souffle empoisonné de haines sauvages, l'ère des guerres religieuses, nous avons été secoué du même frisson d'horreur. Aussi nous sommes-nous unis sous le même drapeau pour maintenir l'égalité de tous les Français devant la loi, sans distinction d'origine, de classe, de race, de religion, de croyance, comme l'ont voulu nos pères et nous serrerons les rangs autour de la France moderne qu'ils nous ont créée, prêts à combattre tout esprit de retour à la France du passé...

Dès notre berceau, ce n'est point un vain titre que nous avons pris en nous présentant comme les défenseurs de la laïcité, et nos actes ont suffi pour être à eux seuls, tout un programme. Les uns et les autres nous avons une grande mission à remplir. Nous avons à reprendre, à faire connaître et aimer les idées de Justice, de Vérité et de Liberté. Nous comptons sur le dévouement de tous les vrais républicains pour nous aider dans notre œuvre de laïcisation.

Vive la République !

Louis GAUSSEN,
Étudiant,
Délégué de « la juventud republicana de las Españas ».

Foix. — Imprimerie-librairie Gadrat aîné. 3113.

www.ingramcontent.com/pod-product-compliance
Lightning Source LLC
Chambersburg PA
CBHW060733280326
41933CB00013B/2621